AF390299

6 Décembre 1890.

VENTE

DU SAMEDI 6 DÉCEMBRE 1890

HÔTEL DROUOT, SALLE N° 6

à deux heures un quart

COLLECTION DE M. M...

OBJETS D'ART

De la Chine et du Japon

Beaux Ivoires, Porcelaines, Émaux cloisonnés
Faïences, Bronzes, Armes
Étoffes, Peintures, Écailles, Éventails
Curiosités diverses

TABLEAUX, AQUARELLES, DESSINS

DE L'ÉCOLE MODERNE

Mᶜ E. ROUSSEAU	**M. A. BLOCHE**
COMMISSAIRE-PRISEUR	EXPERT
10, rue Richer, 10	25, rue de Châteaudun, 25

EXPOSITION PUBLIQUE

LE VENDREDI 5 DÉCEMBRE 1890

DE 1 HEURE 1/2 A 5 HEURES 1/2

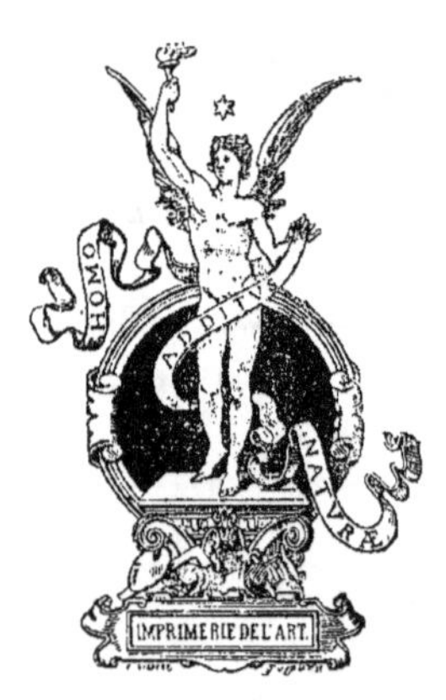
HOMO
NATVRÆ
IMPRIMERIE DE L'ART.

CONDITIONS DE LA VENTE

La vente sera faite *expressément* au comptant.

Les acquéreurs payeront en sus des adjudications *cinq pour cent*, applicables aux frais de la vente.

L'exposition mettant les acquéreurs à même de se rendre compte des objets vendus, aucune réclamation ne sera admise une fois l'adjudication prononcée.

Paris. — Imp. de l'Art, E. Ménard et Cie, 41, rue de la Victoire.

Désignation des Objets

IVOIRES

1 — Beau vase porte-pinceaux en ivoire ancien du Japon. Travail très fin représentant des scènes diverses champêtres, de danse et de chant, composition de nombreuses figures.

2 — Vase avec couvercle en ivoire ancien du Japon représentant des scènes japonaises : conciliabules.

3 — Groupe japonais en ancien ivoire représentant un professeur et son élève.

4 — Groupe en ancien ivoire représentant un Japonais tenant une anguille tandis qu'une autre s'échappe à ses pieds.

5 — Groupe en ivoire : Japonais tenant un enfant.

6 — Statuette en ivoire ancien : Soldat tenant une branche.

7 — Poignard japonais, manche et fourreau en ancien ivoire sculpté à personnages et plantes.

8 — Groupe ivoire ancien : Japonaise et enfant.

9 — Groupe ivoire ancien représentant deux folles.

10 — Statuette en ivoire ancien : Comédien ambulant.

11 — Statuette en ivoire ancien : le Promeneur.

12 — Statuette en ivoire ancien : Marchand de fruits.

13 — Statuette en ivoire ancien : Musicien.

14 — Statuette en ivoire ancien : Mendiante.

15 — Groupe en ivoire ancien : Comédiens ambulants.

16 — Groupe en ivoire ancien : Montreurs de singes.

17 — Groupe en ivoire ancien : rocher avec cascade animé de personnages et d'une pagode.

18 — Statuette en ivoire : Montreur de singe.

19 — Pomme de canne en ivoire ancien, formée
par un singe et un aigle.

20 — Pomme de canne en ivoire ancien : Singe
et grenouille.

21 — Deux petites soucoupes en ivoire ancien
incrusté de fleurs en nacre.

22 — Cinq petits groupes et statuettes en ivoire
ancien du Japon.

23 — Deux petites statuettes en ivoire de Chine :
l'Empereur et l'Impératrice de Chine.

24 — Coupe-papier en ivoire sculpté.

25 — Deux baguettes à gants en ivoire sculpté.

26 à 28 — Cinq paires de boutons de manchettes
en ivoire sculpté du Japon.

29 — Chausse-pied en ivoire sculpté.

30 — Boîte à gants en ivoire sculpté.

31 — Coffret à bijoux en ivoire sculpté.

32 — Quatre porte-cartes en ivoire sculpté. (Sera
divisé.

33 — Trois coupe-papier en ivoire.

ÉMAUX CLOISONNÉS

34 — Paire de beaux vases en émail cloisonné de Pékin, fond bleu turquoise, décor à fleurs, branchages et chrysanthèmes.

35 — Paire de beaux vases analogues.

36 — Deux belles bouteilles en émail cloisonné de Pékin, fond vieux rose, décor oiseaux et fleurs en polychrome.

37 — Plat long en émail cloisonné du Japon, fond bleu turquoise, décor fougères et papillons.

38 — Deux petits vases en émail cloisonné du Japon, même décor.

39 — Deux petits vases forme tube en émail cloisonné du Japon, décor à médaillon.

BRONZES

40 — Deux brûle-parfums en bronze de Chine.

41 — Brûle-parfums formé d'une pagode sur rocher en bronze de Chine.

42 — Deux petits vases en bronze niellé du Japon.

43 — Petite tortue en bronze niellé du Japon.

44 — Bas-relief en bronze du Japon : sujet mythologique; cadre en bois de fer.

FAÏENCES

45 — Deux grands et beaux vases en ancienne faïence de Satzuma, riche décor représentant des scènes de guerre et des audiences royales. (Pièces très rares.)

46 — Aiguière en ancienne faïence de Satzuma.

47 — Deux bouteilles en ancienne faïence de Satzuma.

48 — Coupe en ancienne porceleine de Chine, décor à médaillons : sujets chinois et fleurs, sur socle en bois noir sculpté.

49 — Service à thé en porcelaine fine du Japon, décor représentant le jeu du volant; se compose de douze tasses avec soucoupes, un sucrier, une théière et un pot à crème.

5o — Paire de vases en porcelaine cloisonnée du
Japon, fond noir avec applications de fleurs
et oiseaux en laque.

5i — Paire de vases plus petits.

52 — Plat en porcelaine cloisonnée du Japon.
Travail analogue.

53 — Deux petits plats creux analogues.

54 — Quatre tasses avec soucoupes et présentoirs en porcelaine fine du Japon, décors
divers.

55 — Service à thé composé d'une théière et six
tasses avec couvercles forme aiguière en porcelaine émaillée fond rose, à branchages po-
lychromes. Travail ancien de Chine.

56 — Trois petites cafetières en ancienne porcelaine de Chine fond orange, à oiseaux, fleurs
et branchages en polychrome.

57 — Pot à thé en porcelaine de Chine décorée.

58 — Quatre tasses avec présentoirs en ancienne
porcelaine fine du Japon, décor bleu sur
blanc.

59 — Quatre tasses en ancienne porcelaine fine
du Japon, décor bleu sur blanc.

ÉCAILLES

60 — Coupe sur pied en écaille sculpté et à jour de Chine

61 — Petite coupe en écaille gravée.

62 — Grand gobelet sur pied en écaille.

63 — Deux petits gobelets en écaille.

64 — Deux tasses avec soucoupes et présentoirs en écaille.

65 — Coupe-papier en écaille.

ARMES, ÉVENTAILS, PEINTURES, ÉTOFFES
OBJETS DIVERS

66 — Armure japonaise d'officier supérieur, en fer laqué. Travail fin et ancien et en très bon état de conservation.

67 — Sabre japonais.

68 — Sabre japonais, plus petit.

69 — Deux figurines de Chinois et Chinoises en terre cuite décorée.

70 — Quatre petites étagères d'applique en laque peinte du Japon.

71 — Pipe à eau chinoise en métal blanc ciselé.

72 — Boîte à ouvrage en laque peinte de Chine, avec ses accessoires.

73 — Deux boîtes en laque et écaille du Japon.

74 — Deux paniers en bambou sculpté.

75 — Éventail chinois en bois de santal à jour; peinture en soie et application d'ivoire, dans son étui.

76-77 — Deux éventails en laque fine de Chine, fond vieil or, avec peintures or ton sur ton. (Sera vendu séparément.)

78-79 — Deux albums chinois avec peintures fines, sur pâtes de riz.

80 à 82 — Trois paires de souliers chinois brodés soie et or.

83 — Panneau en laque du Japon, avec incrustations, oiseaux et fleurs en bambou et ivoire.

84 — Deux éventails chinois en plumes.

85-86 — Deux boussoles anciennes en bois laqué
de Chine. (Pièces curieuses.)

87 — Petite boîte en argent repoussé de Chine.

88 — Pot à tabac en ancien bambou sculpté.

89 — Boîte de jetons en nacre gravé de Chine.

90 — Porte-cartes chinois en filigrane d'argent.

91 — Petite boîte à poudre chinoise en argent.

92-93 — Quatre breloques formées de quatre
griffes de tigres ; monture en or. Travail chinois.

94 — Deux pièces de monnaie en argent du Japon.

95 — Quatre œufs d'autruche.

96 à 99 — Huit tableaux japonais ; peinture sur
verre représentant des paysages, des monu-
ments avec applications de nacre, forme
éventails.

100 — Deux tableaux japonais ; peinture sur
verre forme carré, avec cadre en bo's doré.

101 — Deux petits paravents à trois feuilles ;

peinture sur verre, monture en bois laqué du Japon.

102 à 107 — Douze kakémonos; peintures sur toile.

108 à 110 — Six kakémonos; peintures sur bambou.

111 — Deux kakémonos en satin brodé du Japon, fond noir.

112 à 114 — Trois éventails en bambou, représentant des scènes japonaises.

115-116 — Deux costumes chinois en soierie et broderie.

117 à 120 — Lot de soieries composé de quatre pièces de soie de Chine.

TABLEAUX

121 — **Berton**. Marine. Signé.

122 — **Brown (J.)**. Marine.

123 — **Buvillée**. Intérieur de ferme,

124 — **Ciardini**. Chiens. Deux pendants.

125 — **Guide** (D'après le). Ecce homo. Peinture sur porcelaine.

126 — **Laure Lévy**. Portrait de femme. Peinture sur porcelaine.

127 — **Koch**. Fleurs. Deux pendants.

128-129 — **Lecomte**. L'Aurore, le Coucher du soleil. Deux pendants. Signés.

130 — **Manard**. Paysage animé de figures.

131 — **Sain (Ed.)**. Le Christ. Signé.

132 — **Téniers** (Attribué à). La Tentation de saint Antoine.

133 — **Van Holp**. Marine.

134 — **Wild**. Le Remorqueur.

135 — **École ancienne**. Sainte Famille.

AQUARELLES, DESSINS

136 — **Charlet (Nicolas-Toussaint)**. Le Conscrit, Adieux au village. Aquarelle. Signée à droite.

137 — **Charlet**. La Délivrance des prisonniers. Sépia.

138 — **David (Louis)**. Étude de femme. Sanguine.

139 — **Guérin**. Bonaparte pardonnant aux révoltés du Caire. Dessin à l'encre.

140 — **Roqueplan (Camille)**. Environs de Saint-Malo. Signé à gauche, daté 1829.

141 — **Vernet (Horace)**. Brigand italien. Aquarelle. Signé à gauche.

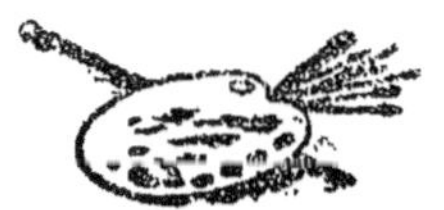